Les Muches d'Heudicourt

PAR

C. BOULANGER

ANCIEN NOTAIRE

*Membre de la Société des Antiquaires de Picardie,
de la Société d'Anthropologie de Paris
et de la Société Historique et Archéologique du Périgord.*

AVEC CINQ PLANS ET GRAVURES

PARIS
ERNEST LEROUX, éditeur
28, Rue Bonaparte. 28

1900

LES

MUCHES D'HEUDICOURT

Du même Auteur :

Les Cités lacustres, extrait de la *Revue Picarde*, 1 vol. in-8, avec une simili-gravure.

Le Menhir de Doingt, 1 vol. in-8, 3 grav.

La Pierre de Sainte-Radegonde et le Grès de Saint-Martin, 1 vol. in-8, 5 gravures.

La Grotte néolithique de Sormont, 1 vol. in-8, avec un plan.

Les Monuments mégalithiques de la Somme, 1 vol. in-8, 18 gravures.

L'homme préhistorique de Saint-Acheul, extrait de la *Revue Picarde*, brochure in-8, avec figure.

Le Gal de Gauchin, extrait du *Bulletin de la Société d'Anthropologie*, brochure in-8, une simili-gravure.

En préparation :

Monographie du Village d'Allaines.

Les Muches

d'Heudicourt

PAR

C. BOULANGER

ANCIEN NOTAIRE

Membre de la Société des Antiquaires de Picardie,
de la Société d'Anthropologie de Paris
et de la Société Historique et Archéologique du Périgord.

AVEC CINQ PLANS ET GRAVURES

PARIS

ERNEST LEROUX, éditeur

28, Rue Bonaparte, 28

1900

LES

MUCHES D'HEUDICOURT

———✳———

La Picardie et l'Artois sont les deux anciénnes provinces de la France qui renferment le plus de souterrains, refuges, galeries, caves de guerre, etc., appelés *muches* (1), en patois picard, qui servaient de retraites aux paysans pendant les troubles, les invasions ou le passage de ces bandes armées, que l'on sait avoir été la désolation des siècles passés. C'est grâce à ces retraites, dissimulées avec un certain art, que la Picardie a dû, pendant le moyen âge, sa prospérité relative.

(1) De *mucher*, cacher.

L'origine de ces refuges souterrains, comme abri, remonte aux temps les plus reculés de l'époque antéhistorique. Les premières demeures des hommss furent donc les cavernes et les grottes naturelles. Plus tard, à l'époque *néolithique* ou de la *pierre polie*, les habitants de la Picardie, en ces temps prodigieusement reculés, les troglodytes, pour leur donner le nom consacré par la science, se creusèrent des habitations dans les rideaux et les talus des falaises, à proximité surtout des rivières et des marais, et près des forêts où, facilement, sans grand effort, ils se procuraient l'eau, le poisson, le gibier, les fruits et les racines nécessaires à leur existence, en somme fort précaire. C'est donc vers cette époque qu'il faut remonter pour retrouver l'origine de la plupart de nos *muches*.

Tous les peuples, au dire des anciens, commencèrent à habiter les cavernes avant de se construire des cabanes, des maisons, voire des enceintes fortifiées.

Un peu avant le commencement de notre ère, lors de la conquête de la Gaule par Jules César, les *Morins*, les *Nerviens*, les *Ménapiens*, les *Eburons*, etc., se servaient de souterrains pour y conserver leurs provisions, s'y cacher à l'aise, afin de mieux se ménager la facilité de tomber à l'improviste sur leurs ennemis. Plus tard, la science des combats à son aurore, jointe au besoin d'être plus efficacement aidé dans la défense ou dans l'attaque, firent naître l'*oppidum* et le *castrum*, qui s'élevèrent sur ces défenses primitives.

La Picardie, comme province frontière, a été pendant dix-huit siècles, le théâtre d'invasions, de guerres, de passages de troupes, de batailles et de sièges. Rappelons les en peu de mots :

Au IIe siècle, avant l'ère chrétienne, les Germains commencèrent à ravager les provinces frontières de la Gaule.

De l'an 58 à l'an 50 avant J.-C., Jules César fait péniblement la conquête de ce vaste territoire en le sillonnant en tous sens avec ses légions.

Au IIIe siècle après J.-C., les pirates saxons se répandent sur les côtes de la Gaule, se livrant à un pillage effréné que les empereurs romains, Maximilien Hercule, Dioclétien et Constance Chlore, tentèrent de réprimer.

En 406-407, les Vandales, auxquels s'étaient joints les Suèves et les Alains, envahissent la Gaule qu'ils dépeuplent ; ils pénètrent deux fois en Picardie pour, de là, se diriger vers l'Espagne.

Les dernières hordes d'Attila ravagent cette province vers l'an 451, et ce serait près de Péronne, dans le Santerre (1), qu'elles auraient été détruites.

De 446 à 470, les Francs se rendent maîtres, au Nord, de la Gaule-Belgique, jusqu'à la Somme, brûlant et détruisant toutes les cens, villas et habitations gallo-romaines.

Pépin envahit le Vermandois, y séjourne et gagne la bataille de Testry, près Péronne (687).

Vient ensuite Charles-Martel qui défait les Neustriens à Cambrai et à Soissons, en 717 et 719.

Hugues Capet traverse la Picardie et prend Arras (987).

Dès 787, apparaissent les Normands ou *Hommes du Nord* (Danois, Norvègiens, Suédois) ; ils débarquent sur les côtes de la France, remontent les fleuves et, pendant près de deux siècles, portent partout où ils passent, la dévastation et la mort.

---

(1) *Sanguinis tersus*, terre de sang.

La Picardie fut plusieurs fois mise à feu et à sang. Sans nous étendre sur leurs déprédations, nous dirons seulement qu'ils détruisirent deux fois l'abbaye du Mont-Saint-Quentin, plus une partie de l'ancien château de Péronne, dont les débris servirent plus tard à édifier le beffroi.

Leurs incursions ne cessèrent que vers 911, à la suite du mariage de Gisèle, fille de Charles-le-Simple, avec Rollon, leur chef ; la Normandie fut alors érigée en duché.

Judith, fille de Charles-le-Chauve, ayant été enlevée par Baudouin, dit Bras-de-Fer, grand forestier de Flandre, qu'elle épousa ensuite, lui apporta en dot tout le pays compris entre la Somme et l'Escaut, sauf Saint-Quentin et Péronne. En 898, Raoul, comte de Flandre, son fils, voulant s'emparer de ces deux villes, mit le siège devant Péronne et ravagea la Picardie, mais il fut tué par Herbert II, comte de Vermandois.

Sous Charles-le-Simple, la rivalité d'Herbert et de Raoul désola cette province. Gilbert de Lorraine, allié de Hugues-le-Grand, voulu prendre Péronne (933), mais il fut repoussé ; la lutte continua dans cette province entre Hugues et Herbert jusqu'en l'an 936.

En 954, ce fut le tour des Hongrois de venir apporter la ruine dans ce pays. Ce qu'ils épargnèrent alors autour de Péronne, devint une facile proie pour les seigneurs de la ville.

Nous arrivons à l'époque de la féodalité, c'est-à-dire pendant la seconde période de ce régime, au cours duquel les guerres de château à château désolèrent de nouveau la Picardie pendant plusieurs siècles, indépendamment des longues et sanglantes guerres avec l'Angleterre et l'Espagne.

Les hommes d'armes des seigneurs, rudoyés, traités en serfs, à peine nourris, mal payés, mal habillés, formèrent alors les bandes de *Routiers* et d'*Ecorcheurs* qui infestèrent le royaume.

A cette époque, les paysans se réfugiaient bien dans les châteaux-forts, mais comme ceux-ci étaient insuffisants pour les contenir tous, les autres se retiraient dans des souterrains, avec leur avoir en armes et en provisions, dont leurs maîtres, non moins pillards et non moins cruels, se seraient emparés sans scrupule.

Sous le règne de Philippe-Auguste, en 1182, les troupes royales et celles de Philippe d'Alsace, se trouvèrent en présence près de la Somme, mais un traité de paix intervint à la demande de ce dernier.

Quelques années plus tard, Baudoin IX, aidé des Anglais, s'empare de plusieurs villes de la Picardie et entre, par ruse, dans Péronne, qui ne tarde pas à ouvrir ses portes au roi, lequel, rentré de croisade, allait assiéger Arras (1).

Peu après, Philippe-Auguste rassemble une armée autour de Péronne et remporte la célèbre bataille de Bouvines, où 150.000 Allemands, Anglais et Flamands sont taillés en pièces.

Sous Saint-Louis, les *Pastoureaux*, sont levés en Flandre, en Artois et en Picardie, pour aller, en Terre-Sainte, au secours du roi, prisonnier des infidèles ; mais bientôt augmentés des gens sans aveu, ils se livrent aux pires excès et sont traqués et détruits dans le midi de la France.

C'est ensuite Philippe-le-Bel qui traverse la Picardie avec son armée et bat les Flamands à Furnes, en 1297 ; cinq ans après, Raoul d'Artois, frère du roi, repasse dans cette province et se fait battre à Courtrai.

---

1 C'est à cette époque que notre province a pris le nom de *Picardie*, en raison des piques dont se servaient les soldats qui en étaient levés.

Pour venger cette défaite, Philippe réunit autour de Péronne 70.000 hommes d'armes; mais un traité ayant été signé, ce ne fut que huit ans plus tard, qu'il fut vainqueur à Mons-en-Puelle. Il repasse alors par Péronne, avec son armée, pour rentrer à Paris.

Philippe-le-Long (1316) rassemble à Péronne une armée, pour combattre les incursions des Anglais qui descendent jusqu'à la Somme.

Au début du règne de Philippe VI, de Valois, Louis de Nassau traverse la Picardie avec son armée, et remporte la victoire de Cassel sur les Flamands révoltés.

Durant ce règne, notre province fut constamment en butte aux déprédations des Anglais.

Edouard III, sous prétexte de venger Robert d'Artois, son protégé, pille et ravage la Picardie. Philippe VI s'enferme dans Péronne avec ses troupes, tandis que l'ennemi campe, avec 100.000 hommes, sur les hauteurs du Mont-Saint-Quentin (1339).

Des détachements anglais vont fourrager jusque dans la Thiérarche et le Laonnois. La bataille navale de l'Ecluse, perdue par les Français, mit fin, pour un moment, aux hostilités.

En 1342, Jean de Hainaut, sans être inquiété, pénètre jusqu'à Honnecourt, qui était alors une petite ville.

Mais recommençant les hostilités, Edouard ravage bientôt la Normandie. Philippe alors, revient en Picardie, et se fait battre à Crécy par les Anglais, qui se servent pour la première fois de canons ou *bombardes* (1346).

C'est alors que le roi de France se retire à Amiens, y rassemblant une nouvelle armée; mais la lenteur avec laquelle il agit permet à Edouard de prendre Calais l'année suivante.

Les Anglais parcouraient sans relache le pays, réquisitionnant les cités, les paysans et les abbayes, brûlant les habitations. Péronne se met en état de défense et ses défenseurs veillent jour et nuit sur ses remparts

En 1349, les Anglais reparaissent. Le duc de Lancastre pille l'Artois et la Picardie; il met le siège devant Bray-sur-Somme, mais il est repoussé et retourne à Calais.

Peu après un parti d'Allemands, pillards en quête d'un facile butin, est défait près de Moislains, par Galehaut de Ribemont.

Les Anglais envahissent à nouveau la

Picardie (1369), assiègent Péronne, sans succès, et, l'année suivante, Robert de Knolles ravage le Vermandois.

Charles VI, avec une nombreuse armée, passe à Péronne, en Novembre 1382, et écrase à Roubecque les Gantois révoltés, qui laissent 26.000 morts sur le champ de bataille.

Trois années après cette victoire, le roi, qui voulait envahir l'Angleterre, passe encore à Péronne avec son armée.

C'est à cette époque, dans la seconde moitié du XIVe siècle, qu'éclate l'insurrection appelée *Jacquerie*. Après la défaite de Poitiers, des hommes de guerre licenciés formèrent des bandes auxquelles se joignirent des paysans, qui commirent d'affreux ravages, en se livrant au pillage et au meurtre, notamment dans le nord de la France.

La faction des Armagnacs et le duc de Bourgogne dévastent la Picardie (1410-1412, en se livrant de nombreuses escarmouches ; les campagnes sont pillées et ruinées.

Le duc de Bourgogne paraît avec une armée devant Péronne 1414), qui refuse obstinément de lui ouvrir ses portes. Le roi y vient séjourner après avoir repris Soissons, Laon et Compiègne. De là, il mit le siège devant Arras. Un traité fut conclu avec Jean sans-Peur, et Charles VI, avec son armée, repasse par Péronne où il séjourne.

L'année suivante Henri V envahit la Picardie. passe la Somme à Hangest-en-Santerre et s'avance jusqu'à Voyennes et Béthencourt. Charles VI le poursuit et atteint les Anglais à Azincourt, mais il y subit une cruelle défaite

Les Anglais s'emparent de Roye (1418). Péronne répare ses remparts et résiste. L'année suivante, ces éternels ennemis de notre race sont chassés de Combles. qu'ils avaient pris ; mais ils se montrent néanmoins constamment dans les environs de Péronne,

Plus tard (1434), le château d'Happlaincourt, près Péronne, est de nouveau repris par les Bourguignons.

En 1465, Charles-le-Téméraire tente de reprendre la Picardie, que son père avait cédé à Philippe-le-Bon, ravage la campagne et rançonne les habitants. Le maréchal de Gamaches accourt avec 4.000 hommes et Charles-le-Téméraire se dirige vers Paris.

Trois ans après (1468), le comte de Charolais était encore à Péronne avec son armée ; il y retient Louis XI prisonnier pendant trois jours.

Le roi ayant fait annuler le traité de Péronne, s'empare de quelques villes de la Picardie, mais Charles repasse la Somme avec 120.000 hommes qu'il avait réunis près d'Arras, prend Nesle, dont il fait pendre le gouverneur, couper le poing ou crever un œil aux officiers, et égorger les hommes et les femmes qui s'étaient réfugiés dans l'église, qu'il ne craint pas de parcourir, monté sur son cheval de guerre. Il assiège Beauvais pendant un mois ; mais sans succès, et fait détruire les châteaux-forts de Briost, de Soyécourt et de Chaulnes, proche Péronne.

Sur les instances de Charles-le-Téméraire, Edouard IV fait une descente à Calais avec une armée et s'avance jusqu'à Saint-Quentin ; n'y trouvant pas son allié, il traite avec Louis XI (1475.

Quatre ans après 1479, Louis XI passe en Picardie avec une armée et reprend quelques villes du Hainaut.

En 1515, les Anglais et les Allemands envahissent le nord de la Picardie, arrivent presque sous les murs de Péronne dont ils prennent les faubourgs qu'ils pillent.

Cinq ans plus tard, les troupes françai-ses traversent encore la Picardie, conduites par François Ier au Camp du Drap d'Or.

Deux ans étaient à peine écoulés (1522), que les Anglais et les Flamands envahis-sent de nouveau notre province, brûlent Doullens, enlèvent Montdidier et Bray-sur-Somme et s'avancent jusqu'à onze lieues de Paris. L'année suivante, ils sont chassés de cette province.

Du 10 août au 11 septembre 1536, Pé-ronne, défendue par une garnison de 3.000 hommes seulement, soutient héroïquement un siège contre 60.000 Allemands, Bour-guignons et Flamands commandés par le comte de Nassau. L'ennemi saccage les environs jusqu'au de là de Saint-Quentin.

Ensuite, Charles-Quint, avec l'autorisa-tion du roi, traverse la France et la Picar-die avec son armée, passant par Péronne, pour châtier les Gantois révoltés (1539).

Philippe II, aidé des Allemands, des Wallons et plus tard des Anglais, pénétre en Picardie en 1557, assiège Saint-Quentin qui se défend avec acharnement avec 1.500 soldats joints à autant de citoyens, prend le

Catelet, Ham et Noyon; mais le duc de Guise, revenu en hâte d'Italie, les repousse peu à peu vers le Nord et s'empare de Calais l'année suivante.

Sous Charles IX, Condé mécontent du roi, s'empare de plusieurs villes de la Picardie; deux nobles huguenots Picards prennent Soissons, pillent les églises et les couvents, brûlent les autels et les reliques.

Henri IV, obligé de conquérir son royaume ville par ville, s'avance en Picardie, jusqu'à Corbie dont il s'empare (1590), mais brusquement change son itinéraire pour investir Paris. En 1594, il vient en grande pompe, prendre possession de Péronne et de Laon dont le siège avait duré plus d'un mois. Amiens, Ham, Noyon se rendent également.

La guerre ayant été déclaré à l'Espagne, le comte de Fuentès entre en Picardie, prend et saccage Doullens, met le siège devant Péronne (1598), qu'il abandonne pour se rendre maître de Cambrai. Il s'empare ensuite de Saint-Quentin, Amiens, Abbeville et Boulogne. Le roi reprend Amiens, et un traité lui rend les villes de cette province.

Le dimanche 6 mai 1635, Louis XIII

séjourne à Péronne accompagné d'un corps d'armée de 8.000 hommes, tant chevau-légers que mousquetaires, gardes et canonniers ; le lundi 7, il quitte Péronne pour se diriger sur Saint-Quentin.

La guerre ayant été déclarée de nouveau entre la France et l'Espagne (1636), Jean de Wert, avec 44.000 hommes, ravage les environs de Péronne, s'empare des châteaux-forts du Catelet et du Mesnil-Bruntel, et s'établit au Mont-Saint-Quentin ; puis il prend et pille Nesle. Le roi vient au secours de Péronne et l'ennemi finit par être repoussé. L'année suivante, Arras est repris et plusieurs autres villes tombent au pouvoir des Français (1641).

Louis XIII s'empare d'Arras (1640) que les Espagnols tentent de reprendre quatre ans après.

En 1642, les Espagnols inquiètent encore Péronne.

Sous Louis XIV, le prince de Condé forme son armée sous les murs de Péronne et campe à Clery, Allaines et Moislains.

La guerre avec l'Espagne durait toujours ; les Espagnols avaient repris Dunkerque. La Picardie, si longuement disputée par d'irréconciliables ennemis, devint à nouveau

le théâtre des hostilités. Turenne, avec un
parti de 15.000 hommes, campe à Manan-
court ; Condé qui était aussi en présence
de ce village, le brûle ainsi que le château
et l'église. Les habitants émigrèrent pour
la plupart, en Alsace et en Lorraine (1653).
L'année suivante, Condé met le siège devant Arras.

En 1656, Cambrai fut encore assiégé et
Péronne faillit être livré à Condé dont
les troupes étaient cachées dans le bois de
Rocogne (1). Deux ans plus tard, Turenne
prend Dunkerque qui fut rendu aux Anglais, puis racheté ensuite.

A la mort du roi d'Espagne, arrivée en
1665, Louis XIV traverse la Picardie avec
son armée et en trois mois soumet la Flan
dre.

Huit ans après, le roi passe de nouveau
à Péronne avec ses troupes pour envahir
les Pays-Bas.

En 1697, la Picardie est encore troublée
par le passage des armées françaises, avant
la paix de Riswick.

La guerre de succession amena encore
l'armée en Picardie, en 1709 ; quatre ans

____

(1) Ce bois, qui existe encore, est distant de
Péronne de deux kilomètres.

plus tard, l'ennemi arrive jusqu'aux portes de Péronne. Cette campagne se termine par la brillante victoire de Denain et le traité d'Utrecht.

En 1744, Louis XIV passe à Péronne pour se rendre en Flandre et les soldats campent entre Péronne et le Mont-Saint-Quentin.

Après Waterloo, Alexandre Ier, empereur de Russie, et Wellington, généralissime anglais, s'arrêtent à Péronne avec le roi Louis XVIII : en cette circonstance, les troupes alliées se conduisent comme des ennemis en pays conquis.

Enfin en 1870-1871, les Allemands investissent Péronne, qui succombe après treize jours d'un siège meurtrier, s'avancent jusqu'à Bapaume et prennent la citadelle d'Amiens (1)

Dans ce résumé succinct, mais encore trop long à notre gré, nous nous sommes

1 J. César, *Commentaires sur la Guerre des Gaules.* — Mézerai, H. Martin, V. Duruy, *Histoire de France.* — De Ségur, *Mémoires.* — É. Desachy, *Essai sur l'histoire de Péronne.* — Harbaville, *Mémorial historique et archéologique du Pas-de-Calais.* — Bouthors, *Cryptes de la Picardie.* — Abbé Decagny, *Histoire de l'arrondissement de Péronne.* — J. Dournel, *Histoire générale de Péronne.* — G. Boudon, *Histoire militaire d'Albert.*

borné à ne citer que les principaux faits
historiques, en passant sous silence d'autres
nombreux faits de guerre qui, bien que
moins importants, n'en ont pas moins trou-
blé profondément la Picardie.

On voit combien notre province fut, pendant dix-huit siècles, en butte aux horreurs
de la guerre, aux méfaits, déprédations et
excès des ennemis, et combien elle fut
constamment inquiétée par le passage des
armées et les dissentions intérieures.

Les habitants se virent donc contraints de
bonne heure à se préoccuper de leur défense et de la conservation de leurs biens et
personnes, sans cependant pouvoir toujours
y réussir.

Les rares grottes néolithiques de la Picardie furent une indication pour eux : ils
en agrandirent l'entrée, qui était souvent
dissimulée dans les broussailles des talus,
les élargirent et en creusèrent d'autres
dans les forêts, sous les villages, de même
que sous les églises qui étaient alors des
lieux de refuge.

Tous les villages de la Picardie renferment un ou plusieurs refuges à galeries
qui se coupent à angle droit : il est même
rare de rencontrer un village où ces refu-

ges n'aient pas été indiqués par des excavations survenues fortuitement.

Quelques auteurs ont prétendu, à tort selon nous, que ces souterrains étaient des carrières abandonnées et ensuite utilisées comme caves de guerre ; cela n'est vrai que pour de rares exceptions, comme pour celles de Naours qui, complétées par la suite, ont formé un véritable village souterrain, avec ses rues et ses chapelles, que M. l'abbé Danicourt a retrouvé et si intelligemment restauré. Plusieurs raisons nous font rejeter cette hypothèse.

On sait que le sous-sol du bassin de la Somme est composé de craie blanche, tendre, hydrophile, grasse au toucher, se délitant facilement à la gelée et conséquemment impropre à toute construction.

Les souterrains sont généralemment établis dans la partie supérieure du banc crétacé, formé de résidus de craie agglomérés appelés *cran*, et, par suite, ne pouvant donner que des pierres de petit appareil.

Quant à ceux qui ont été creusés plus profondément, dans les assises du ban calcaire, leur construction, à peu près toujours irrégulière, indique d'une manière irréfutable qu'elle n'a pas eu non plus pour but l'extraction de la pierre à bâtir. En effet les couloirs, trop étroits et trop bas, s'opposaient au passage de grosses pierres qu'il eut été difficile, du reste, de remonter à la surface par des moyens primitifs. De plus, les pierres extraites des corridors et des chambres étaient nécessairement fractionnées en de trop petites parcelles pour pouvoir être utilisées.

En outre, l'entrée des carrières, largement ouvertes, aurait été trop facilement découverte.

Il nous semble donc rationel d'établir, ainsi qu'il suit, l'origine des *muches* :

Les souterrains refuges ayant leur ouverture dans les talus boisés, creusés irrégulièrement, un peu au hasard, eurent pour amorce les grottes troglodytiques, comme les souterrains d'Allaines (Somme), dont l'entrée se trouve au bas d'un rideau boisé, au milieu d'un roncier, près de la Tortille. Ils datent des premières invasions des barbares.

Ceux dissimulés dans les forêts sont aussi antérieurs à la conquète de la Gaule par les Romains; ils furent également complétés au moyen âge. Nous citerons comme exem-

ple les souterrains de la forêt de Ribeau-
court, près de Domart, que M. Emile Deli-
gnières, avocat à Abbeville, se dispose à
explorer, et ceux d'Heudicourt, dont nous
nous occupons, et qui se trouvaient, avant
l'extension du village, dans un bois dépen-
dant de la forêt d'Arrouaise.

Les refuges creusés dans les églises ou
sous ces édifices sont de date plus récente ;
leur construction est plus régulière, ils
sont faits avec un certain art. Nous citerons comme type le souterrain de Fran-
queville (Somme), composé d'une longue
galerie rectiligne, de chaque côté de laquelle on compte quatorze chambres rec-
tangulaires, exactement semblables, régu-
lièrement espacées et placées les unes en
face des autres.

Les souterrains refuges d'Heudicourt,
canton de Roisel, arrondissement de Péronne, sont situés au nord de ce village,
près la rue de Fins, ancienne voie romaine
conduisant de Saint-Quentin à Arras, sous
la ferme de M. Gustave Denglehem, qui,
très obligeamment, nous y a guidé et nous
a aidé à l'étudier dans tous ses détails [1].

1 En 1892, M. Hector Josse, de Guyencourt-
Saulcourt, a exploré ce refuge ; mais comme l'air

M. Navet, géomètre à Nurlu, a bien voulu, de son côté, nous prêter son concours en levant le plan de ce refuge.

Ce souterrain se compose d'un couloir de 64 mètres de longueur, formant deux coudes, de 27 chambres ou cellules, d'un puits et de quatre cheminées d'aération (voir le plan, fig. I).

Le couloir, de forme ogivale a de 1^m20 à 1^m30 de largeur, sur une hauteur moyenne de 2 mètres,

La première partie, creusée dans l'argile (A B, longue de 11 mètres, se dirigeant de l'Ouest à l'Est, se trouve actuellement sous la maison d'habitation que M. Denglehem a fait construire et ne peut plus être explorée; on y voyait, de chaque côté, des logettes, où un homme pouvait à peine se tenir debout.

Au point C, où se trouve la nouvelle entrée; la galerie tourne brusquement à droite et se dirige vers le Sud, sur un parcours de 33 mètres, elle s'infléchit ensuite à l'Ouest pour retourner vers le Sud-Est ; cette dernière partie mesure 20 mètres.

respirable manquait alors, cette exploration fut forcément incomplète. *Bulletin de la Société des Antiquaires de Picardie*, année 1894. p. 529.

De A en M. le couloir est creusé dans l'argile, et à partir du point M jusqu'à son point terminus X, il est pris dans une craie remaniée, mais si compacte, si fortement agglomérée qu'il ne s'est encore produit aucune fissure dans les parois, ni aucune soufflure au plafond des chambres dont la *forme* est celle d'un cintre surbaissé.

La nouvelle entrée C, en forme de puits, se trouve maintenant dans la laiterie de la ferme. On descend dans la *muche* au moyen d'une échelle. A peine est on arrivé au fond, qu'il faut ramper sur les mains et les genoux pour avancer ; des plaques d'argile, détachées de la voute du corridor. obstruent le passage qui se trouve réduit, pendant un certain parcours, à 0^{m}60.

On constate bien vite que le couloir s'enfonce obliquement dans la terre ; de l'entrée C au coude Dıı, la déclivité donne une différence de niveau de 7 mètres. soit une pente de 0^{m}21 par mètre Le coude Dıı se trouve à environ 15 mètres au-dessous du niveau de la cour de la ferme. A partir de ce dernier angle. le souterrain se continue horizontalement.

Dès le point M. on entre dans le sol cal-caire et on rencontre. à gauche. trois cham-

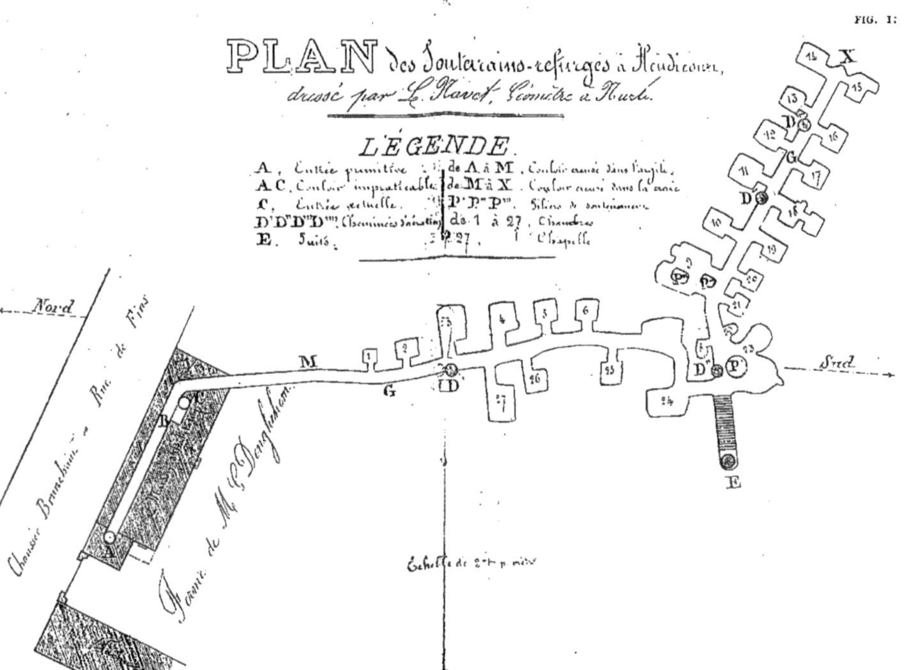

FIG. I.

PLAN des Souterrains-refuges à Heudicourt,
dressé par L. Ravet, Géomètre à Nurlu.

LÉGENDE.

A, Entrée primitive   de A à M, Couloir creusé dans l'argile.
A C, Couloir impraticable   de M à X, Couloir creusé dans la craie.
C, Entrée actuelle.   P'P''P''', Silos de souterrains.
D'D''D'''D'''', (Cheminées d'aération) de 1 à 27, Chambres
E, Puits.   27, Chapelle

Nord

Chaussée Brunehaut - Rue de Fins

Ferme de Mr G. Danglebesme

Échelle de 2 m p. mètre

Sud

X

bres de forme rectangulaire, précédées,
comme presque toutes les autres, d'un
petit couloir.

En face de la troisième chambre, on
trouve le premier puits d'aération D1 qui
est comblé par des éboulements d'argile ;
la base de cette colonne d'argile a rétréci
la galerie, et force le visiteur à ramper de
nouveau pour arriver à la première chambre de droite (n° 27 du plan) qui est, sans
contredit, la plus intéressante de toutes ;
elle mérite incontestablement une description spéciale. Ce genre de *cubiculum*, n'a,
à notre connaissance, encore été rencontré
qu'à Naours. M. Denglehem l'a fort judi-
cieusement appelé la *Chapelle* : cette
chambre a, en effet, servi à la célébration
du culte. Elle mesure 3^{m}45 de longueur sur
2^{m}75 de largeur : sa hauteur est de 2^{m}60, et
le petit couloir qui la précède, long de 2^m,
est haut de 1^{m}80.

En entrant dans cette chambre, l'attention du visiteur est de suite attirée par une
niche en forme d'arc ou *arcosolium*, creusé à un mètre du sol, dans le fond faisant
face à la porte, et ayant 1^{m}25 de corde,
0^{m}70 de flèche et 0^{m}50 de profondeur. C'est
l'autel où l'on célébrait la messe (fig. II).

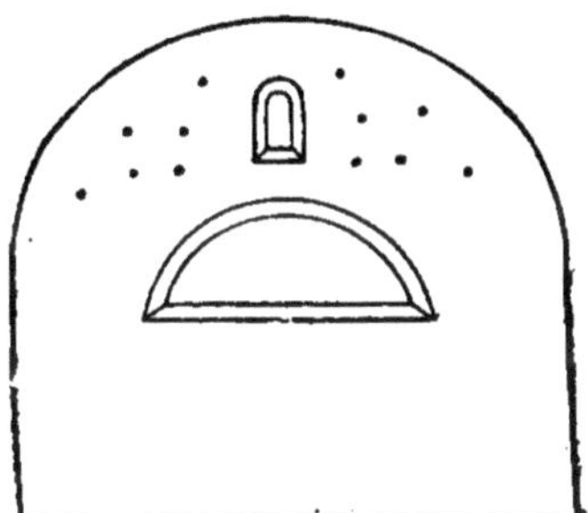

FIG. II. — ARCOSOLIUM D'HEUDICOURT

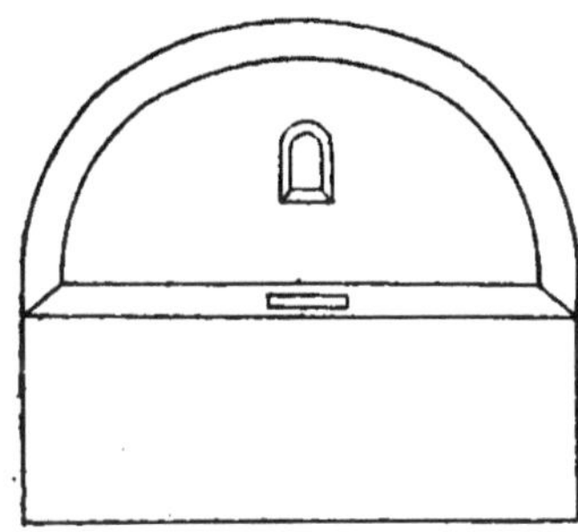

FIG III. — ARCOSOLIUM DE NAOURS

A o^m25 au-dessus de l'*arcosolium* on a
ménagé une autre petite niche de o^m30 de
hauteur, sur o^m10 de largeur et o^m06 de
profondeur, destinée à recevoir un Christ
ou une statuette.

Au-dessus de cet autel et autour de la
petite niche, on aperçoit des petits trous
profondément côniques, percés dans la
pierre, destinés à recevoir des goujons
auxquels on suspendait des lampes.

Les souterrains de Naours renferment
trois chapelles contiguës avec *arcosolium*
et petite niche au-dessus, absolument comme à Heudicourt, et l'encoche qui recevait
la pierre sacrée est encore visible fig. III.

En examinant cette chapelle, nous nous
sommes rappelé avoir vu dans les catacombes de Saint-Calixte, sur la *Via Appia
Antica*, près de Rome, des *cubicula* con-
tenant des *arcosolia* semblables aux autels
de Naours et d'Heudicourt.

Dans la table de ces autels, les premiers
chrétiens creusaient des tombeaux dans
lesquels on déposait les restes des martyrs;
un pieux usage voulait donc que l'on dise
la messe sur leur corps. De là est venu
l'usage de placer dans les tables des au-

FIG. IV. — CUBICULUM DES CATACOMBES DE SAINT-CALIXTE, SITUÉ EN FACE LA CRYPTE DE SAINT-MILTIADE.

FIG. V. — ARCOSOLIUM DES CATACOMBES DE SAINT-CALIXTE AVEC LES PORTRAITS D'UNE FAMILLE.

tels une pierre sacrée et des reliques de saints (1).

Nous donnons, comme terme de comparaison, fugure IV et V, des vues de deux *cubicula* de ces catacombes, avec *arcosolia*.

Dans la figure IV, on remarque trois *arcosolia* ; sous celui de gauche, la façade du tombeau a disparu, et sous celui du milieu, une partie seulement est tombée.

Dans la table de l'*arcosolium* de la figure V, on aperçoit l'ouverture du tombeau.

Près de l'entrée du petit couloir qui précède les chambres, il existe une large rainure destinée à recevoir une porte. Dans le couloir de la chapelle, cette rainure est plus profonde que dans les autres, et elle est en outre accompagnée, de chaque côté, de trous semblables à ceux qui se trouvent au-dessus de l'*arcosolium*, et qui devaient recevoir des chevilles pour consolider la fermeture.

De ce qui précède, on peut conclure que l'usage des autels ménagés dans nos refuges, nous est venu de la Rome antique, et a été apporté en France, par les apôtres de

1 Abbé Martigny, *Dictionnaire des Antiquités chrétiennes.*

la nouvelle religion, au IIIe et au IVe siécles de l'ère chrétienne.

Les *muches* de Picardie ont donc une certaine analogie avec les catacombes, sinon comme importance, du moins comme destination ; ces dernières cryptes ont été creusées par les chrétiens pour ensevelir leurs morts, ensuite les chrétiens s'y sont réfugiés pour se soustraire aux persécutions des Romains : ils ont taillé dans le roc des chambres ou *cubicula*, des autels ou *arcosolia*, des puits même ; enfin, tout ce qui était nécessaire à une vie souterraine d'une certaine durée.

Dans nos *muches*, habitées pour d'autres motifs, par intermittance, nous voyons le même aménagement à l'exception, toutefois, des tombeaux qu'il n'était pas absolument nécessaire d'y introduire.

En continuant notre exploration, nous arrivons aux chambres 7 et 24, qui donnent, ainsi que les chambres 23, 22 et 9, directement sur la galerie, sans être précédées du petit couloir réservé à celles qui étaient des habitations particulières. Ces cinq chambres, dont quatre sont plus vastes que les autres, paraissent avoir servi à un usage commun, de magasins, par exemple.

Dans les places 23 et 9, en raison de leur étendue, les constructeurs ont ménagé, dans le bloc calcaire, des piliers de soutènement (P_I, P_{II}, P_{III} pour consolider la voûte.

A la suite des deux premiers magasins, on trouve, à droite, l'entrée du puits E, dans lequel on descend par un couloir ayant la même forme ogivale que la galerie principale, et dont le plan a une inclinaison de 45 degrés. Les marches qui en facilitaient l'accès sont recouvertes par l'argile provenant des éboulements qui se sont produits dans la cheminée d'appel D_{II}. Nous avons essayé de descendre au fond de ce puits, espérant y trouver des objets égarés ou perdus, qui auraient pu nous aider à arracher quelques secrets sur les mystérieux habitants de ces sombres demeures ; mais à peine nous étions nous avancé sur la pente de six à sept mètres, que notre bougie menaça de s'éteindre, nous fûmes donc contraint de remonter. L'*ernu* (1) est dans le puits, disent les Picards. Par suite d'un long repos de l'air, le gaz acide carbonique s'y est déposé et y reste dense, comme dans la *Grotte du Chien*, près de Pouzzoles (Italie).

(1) Ce mot désigne un gaz méphitique.

Nous avons dû nous contenter d'y jeter
des pierres qui, après avoir roulé quelques
secondes sur la pente inclinée, sont arri-
vées au fond en rendant un son mat; ce
puits ne contient plus d'eau depuis quelques
années.

En continuant notre excursion, nous pé-
nétrons dans la troisième partie de la galerie dont le sol devient horizontal. Des
chambres se succèdent à droite et à gauche
jusqu'à la cheminée d'aération D^{III}; le passage est difficile, et, à la quatrième cheminée d'appel D^{IIII}, les éboulements d'argile
ont rétréci le couloir, qui n'offre plus
qu'un passage de 0^m30 à 0^m40 de diamètre,
lequel force le visiteur à ramper, ce qui
rend dangereuse l'exploration des trois
dernières cellules.

Dans la seconde chambre du n° 18, on a
ménagé dans un angle, un banc taillé dans
la pierre.

Il est à remarquer que, contrairement
aux dispositions du souterrain de Franque-
ville, aucune des chambres n'a son entrée
en face d'une autre, de plus il existe, dans
les petits corridors qui les précèdent, une
rainure, souvent accompagnée de petits
trous pour les chevilles, qui indique clai-
rement qu'elles ont reçu une fermeture.

Les *muches* d'Heudicourt ont été creusées à coups de pics dans la craie, les fragments de pierre enlevés ont par conséquent laissé des aspérités qui n'ont pas, comme dans bien des grottes néolithiques, été polies au moyen d'outils (1).

Dans la galerie comme dans les chambres, ces aspérités sont fortement usées par le frottement, de même que certaines pierres présentant une face à peu près plane. Cela indique incontestablement que ces *muches* ont été longuement habitées à plusieurs reprises. Cette remarque, qui a son importance, parait avoir échappée jusqu'ici aux auteurs qui ont parlé des souterrains-refuges.

L'eau pluviale ne pénètre pas dans ces galeries, qui sont relativement sèches, et l'argile, qui est tombée des puits d'aération, n'adhère pas aux vêtements. Elles étaient salubres et par conséquent habitables, lorsque l'air y circulait par les cheminées d'appel, et la température devait y être à peu près constante.

Nous n'y avons rencontré que quelques dates récentes, indiquant des visites faites

1) Baron J. de Baye. *l'Archéologie préhistorique*, édition in-8, p. 140 et s.

depuis 1854. Cela se comprend facilement, les paysans étaient, au moyen âge, complétement illétrés et n'avaient nulle idée de traduire leur curiosité à l'aide de graphites.

Dans les chambres portant le n° 5, on remarque dans l'angle, à droite de l'entrée, le nombre 719 gravé sur une pierre, en chiffres arabes de forme ancienne ; mais ce ne peut être une date, l'usage de ces chiffres n'ayant été introduit en France qu'au XII° siècle.

Il y a encore à Heudicourt, près de l'église, d'autres refuges dont l'existence a été révélée par des excavations survenues après de fortes pluies ; mais comme on n'en connaît actuellement aucune entrée, il ne nous a pas été possible de les explorer. Nous estimons qu'ils sont, en raison de leur situation, postérieurs à ceux dont nous venons de donner la description.

Les *muches* de Picardie, sauf celles de Naours, n'ont pas encore été explorées avec tout le soin, toute l'attention qu'elles méritent ; une étude sérieuse de ces refuges ménagerait certainement aux explorateurs des découvertes aussi intéressantes qu'inattendues.

Yvert-
&
Tallier

www.ingramcontent.com/pod-product-compliance
Ingram Content Group UK Ltd.
Pitfield, Milton Keynes, MK11 3LW, UK
UKHW020953220726
13924UKWH00002B/662